Manfred Hörstmann / Ferdinand Lutz

Der poetische Hühnerhof

Der Autor

Manfred Hörstmann, Jahrgang 1950, ist freier Journalist und Autor. Beruflich verschlug es ihn 1979 nach Hiddenhausen, wo er seitdem mit einem Dutzend Hühner, zwei Katzen und einer Frau lebt.

Bei einer Lesereise mit seinem Kriminalroman „Hühnermord in Hiddenhausen" (ISBN 3-8334-2693-4) kam ihm der Gedanke, kleine Hühnergedichte zur Auflockerung vorzutragen. Nun, die Krimilesung war ein Erfolg, aber noch erfolgreicher waren die Hühnergedichte.

Das war der Anlass zum vorliegenden Bändchen.

▶www.schreibknecht.de

Der Zeichner

Ferdinand Lutz, Jahrgang 1987, zeichnet seit der Grundschulzeit. Mit 11 Jahren fertigte er erste Zeichnungen für die Musikschule, später veröffentlichte er Cartoons und Comicstrips in Schülerzeitungen. Mit 14 Jahren erstellte er erste Illustrationen für Schulbücher des Cornelsen Verlags.

Seitdem veröffentlicht er regelmäßig Beiträge etwa in der Zeitschrift "Bravo Screenfun" (Auflage ca. 250 000). Seit 2005 zeichnet er Szenarios für Ralph Ruthe ("Shit happens", "Flossen"), Animation und Auftragszeichnungen (z.B. für Simpsons-Comics oder MAD).

Lutz ist außerdem Mitglied in der belgischen Cartoon-Agentur Cartoonbase.com.

▶www.ferdinandlutz.com

Statt Vorwort

Frage: Warum läuft das Huhn über die Straße? Die Antworten:

KINDERGÄRTNERIN:
Um auf die andere Straßenseite zu kommen.

SADDAM HUSSEIN:
Dies war ein unprovozierter Akt der Rebellion und wir hatten jedes Recht, 50 Tonnen Nervengas auf dieses Huhn zu feuern.

RONALD REAGAN:
Hab' ich vergessen.

CAPTAIN JAMES T.KIRK:
Um dahin zu gehen, wo noch kein Huhn vorher war.

MOSES:
Und Gott kam vom Himmel herunter, und er sprach zu dem Huhn: "Du sollst die Straße überqueren". Und das Huhn überquerte die Straße, und es gab ein großes Frohlocken.

FOX MULDER:
Sie haben das Huhn mit Ihren eigenen Augen die Straße überqueren sehen. Wie viele Hühner müssen noch die Straße überqueren, bevor Sie es glauben?

RICHARD M.NIXON:
Das Huhn hat die Straße nicht überquert. Ich wiederhole: das Huhn hat die Straße NICHT überquert.

FREUD:
Die Tatsache, dass Sie sich überhaupt mit der Frage beschäftigen, dass das Huhn die Straße überquerte, offenbart Ihre unterschwellige sexuelle Unsicherheit.

EINSTEIN:
Ob das Huhn die Straße überquert hat oder die Straße sich unter dem Huhn bewegte, hängt von ihrem Referenzrahmen ab.

ERNEST HEMINGWAY:
Um zu sterben. Im Regen.

BILL CLINTON:
Ich hatte zu keiner Zeit eine sexuelle Beziehung zu diesem Huhn.

Für Sabine

ISBN 3-8334-6400-3

Herstellung und Verlag: Books on Demand GmbH, Nordersted
Erstausgabe: 2006

Was macht der Hahn auf dem Huhn?

Auf dem Huhn, wie 'n Reitersmann,
hockt der große, bunte Hahn.
Möchte er denn wohl beizeiten
bis nach Laramie hin reiten?
Nein, denn solcherlei Geschichten
macht ein guter Hahn mitnichten.

Oder ist ihm was gescheh'n,
kann er nicht alleine geh'n?
Nein, des Hahnes wicht'ge Rolle
ist die Qualitätskontrolle.
Auf die Eier, zum Exempel,
drückt er seinen Prüfungsstempel.

Eh' die Eier noch gelegt,
wird Kontrolle so gepflegt,
rollen sie dann in die Nesten,
tut man sie in bunte Kästen.
Und bezeichnet sie dabei
als qualitätsgeprüftes Ei.

Hat ein Haushahn also nun
mal auf einem Huhn zu tun,
darf man ihn da – hört ihr Gören –
auf gar keinen Fall bei stören.
Weil der Hahn dort absolut
konzentriert die Arbeit tut.

Wenn ein dummes Huhn nicht will
bei der Arbeit steht nicht still
oder beugt sich gerade nach vorn
dass der Hahn fällt auf den Dorn
Oder macht noch andre Sachen
dabei gibt es nix zu lachen.

Denn wenn man mit aller Kraft
oft und gut die Arbeit schafft
und es geht mal etwas schief
was sonst immer bestens lief
dann verdient man Ehr und Ruhm
und kein dummes Narrentum.

Antithese zu: Ich wollt, ich wär' ein Huhn

Bin froh, dass ich kein Huhn,
dann könnte ich nichts tun.
Ich kritzel-krakelte im Mist,
und keiner da, der 's liest.

Bin froh, dass ich kein Hahn,
boah, bin ich glücklich, Mann.
Ein Dutzend Weiber, eieiei,
und deren Mütter noch dabei.

Bin froh, dass ich kein Küken,
das würd' mich nicht beglücken!
Ich wär' so klein und wuschelich
und hinten hätt' 'nen Puschel ich.

Bin froh, dass ich kein Ei.
Puh, wär' das langewei-
lig - ich rollte in der Schale rum,
ach nein – das wär' zu dumm.

Bin froh, dass ich ein Mensch.
Ein Homo sapiensch.
So kritzel-kratzel ich viel Mist
und wird' bezahlt, wenn's einer liest.

Ein Limerick ist ein scherzhaftes, meist ironisch gemeintes Gedicht mit dem Reimschema a, a, b, b, a. In der ersten Zeile werden meist die handelnden Personen vorgestellt und oft auch der Ort, an dem der Limerick spielt. Auf die knappe Darstellung einer Eigenschaft oder Handlungsweise der Person folgt in der letzten Zeile eine überraschend komische Pointe.
Die meisten Limericks haben keinen Titel. Die ersten Limericks tauchten um 1820 in England auf. Der Name stammt vermutlich von der irischen Stadt Limerick.

Hühnerlimerick 1

Waren einst zwei Hühner in Stade,
die stritten sich um eine Made,
sie zogen sie sehr
in die Länge und quer.
Die Made, die fand das sehr fade.

Das Huhn als Partner

Nennst du ein braves Huhn dein Eigen,
wird sich die Not dir niemals zeigen.
Musst allerdings mit ihm zuweilen
dein Speis' und Trank brüderlich teilen.

Ein Blatt Salat, ein Körnchen hier,
doch Wasser säuft es anstatt Bier,
du brauchst ihm keine Kleider kaufen
und Schuhe nicht, um drin zu laufen.

Hat es sich bei dir eingelebt,
es fortan immer zu dir strebt.
Und bist du schlau, hast du zum Naschen
stets ein paar Körner in den Taschen.

Und pflegst du's gut, bist nett dabei,
legt es dir Tag für Tag ein Ei.
Bald hört es auch auf deinen Ton:
„Ein Pfiff, ein Ruf, ich komme schon!"

Schon will es immer um dich sein,
es kakelt, steht auf einem Bein.
Die Glotze brauchst nicht einzuschalten,
es wird dich besser unterhalten.

Das Huhn wird dir zum Zeitvertreib,
darin ist's besser als ein Weib.
Es ist nicht zickig, meckert nie.
So 'n Huhn ist ein echt nettes Vieh!

Das Ei des Columbus

Herr Columbus war ein Seemann
und auch Frau Felipas Eh'mann.
Eines Tags wollt' er nach Indien,
doch er konnte es nicht findien.

Bald stieß er auf Amerikaner,
nannte sie schlicht Indianer
und galt in der alten Welt
fortan als ein großer Held.

Was Herrn Mendoza gar nicht passte,
der Kolumbus darum hasste.
„Selbst ein Blinder mit 'nem Stecken
könnt' die Neue Welt entdecken".

Da ward Herr Columbus frisch,
legt ein Hühnerei auf 'n Tisch,
sprach: „Wer's auf die Spitze stellt,
der findet auch 'ne Neue Welt."

Unter Stöhnen, lautem Fluchen,
wollten's alle nun versuchen,
nur Kolumbus war auf Zack,
haut es auf die Platte – klack!

Durch den listig klugen Streich,
stand es Spitz auf Knopf sogleich,
doch kaputt war nun das Ei.
Kolumbus war es einerlei.

Heut, statt solcher Schalenbrecher,
gibt's zum Glück schon Eierbecher.
Jeder kann ein Ei darin
auf die Spitze stellen hin.

Doch auch wenn das Ei nicht fällt,
find'st du keine Neue Welt,
sie kann als entdeckt schon gelten –
keine gute Zeit für Helden.

Hühnerlimerick 2

Ein Hahn aus uns'rer Region
sprach sinnend zu seinem Sohn:
„Es lässt sich nicht dämpfen,
wirst gegen mich kämpfen
und gewinnst deine Mutter als Lohn."

Der sportliche Hahn

War einst ein Hahn in Paderborn,
der hatte sich dem Sport verschwor'n.
Zunächst mal hat es unserm Hahn
die Leichtathletik angetan.
Beim Sprint lief er 'ne Klasse-Zeit,
sprang ziemlich hoch und auch recht weit,
trainierte ausreichend und stet,
er war echt ein Modell-Athlet.

So ging das eine ganze Zeit,
dann sprach er plötzlich: „Ich bin's leid.
Aus meinen sportlichen Anlagen,
da ist doch Kapital zu schlagen."
Bald spielte er bei Blauweiß Horn
als Mittelstürmer ganz weit vorn.
Er dribbelt wie der Wind so flott,
und gilt auch bald als Flanken-Gott.

Die Vorlage zum ersten Tor,
die legt per Außenrist er vor.
Dann volley Vollspann ins Gehäuse,
der Keeper sieht schon weiße Mäuse.
Den Kopfball stößt er leider schräg,
denn da ist ihm sein Kamm im Weg.
Jedoch bei dem Fallrückzieher wieder,
da schützt und trägt ihn sein Gefieder.

Ein Fußballstar, so ruhmbefleckt,
der bleibt nicht lange unentdeckt.
Da war der Hahn noch unverdorben,
doch bald wurde er abgeworben.
So kam er schnell ans große Geld
bei der Arminia Bielefeld.
Kaum haben sie sich zusammgerauft,
haben ihn die Bayern eingekauft.

Dort saß er nur noch auf der Bank
und wurde müde, fett und krank.
Am Sport hatte er keine Lust mehr
so wurde er bald ausgemustert.
So starb der Hahn, der einstmals groß,
am Ende völlig mittellos.
Ruhm und Ehre, Gut und Geld,
ist noch kein Glück auf dieser Welt.

Bitterböse Hühnerreime

Das Huhn, in Enger kaum geachtet,
wird erst gerupft und dann geschlachtet.

Der Haushahn kräht noch mal so laut,
wenn man ihm auf den Bürzel haut.

Für blinde Hühner ist ein Traktor
bisweilen ein Gefahrenfaktor.

Im Flug noch stellt die Henne fest:
' Ne Mine taugt nicht viel als Nest.

Ein Motorpflug im Hühnerhaus
löst starke Emotionen aus.

Stopft man seinen Haushahn aus,
kommt man morgens später raus.

Wenn im Herbstwind Blätter jagen,
soll ein Zwerghahn Schutzhelm tragen.

Das Huhn ist oft nicht ganz bei Trost,
wird es gekocht und eingedost.

Wird dein Hähnchen schwarz und braun,
pflück' es vom Elektrozaun.

Da schwimmt er nun, der Suppenhahn,
den wir noch gestern huppen sah'n.

Hat der Hahn die Mauser,
möcht' ins warme Haus er.

Der Stabreim ist eine besondere Form der Alliteration in der germanischen Dichtung. Der Stabreim beruht auf dem Anlaut von betonten, bedeutungstragenden Haupt- und Zeitwörtern und ist ein Lautreim. Alle Vokale können dabei untereinander staben (=alliterieren). Bekanntestes Beispiel ist die Edda, eine Sammlung nordischer Dichtung. Es geht jedoch auch mit Konsonanten: Hörstmanns hartnäckige HAlliteration

Hoppa Hiljenbökers Henne Hanna

Hoppa Hiljenbökers Henne heißt Hanna
Hanna hat Hühnchen hinterm Hagen
Hanna hütet Hühnchen hervorragend
Himmelhoch hudelt Habicht Harald
Harald hat heftig Hühnchenhunger
Hühnchen haben Harald hergelockt

Hoppa Hiljenbökers Hahn heißt Helmut
Helmut hört Henne Hannas Hilferuf
Helmut hastet hin
Helmut hilft Hannas Hühnchen
Helmut haut Haralds Hakennase höllisch
Harald heult

Helmut hilft Hanna Hühnchen hüten
Hannas Hühnchen hüpfen hinterm Hagen
Himmelhoch hudelt Habicht Harald
Harald hat heftig Hühnchenhunger
Harald hört Helmut husten
Harald haut ab

Helmut haut Haralds Hakennase höllisch

Das Huhn am Klavier

Es war einst ein Huhn,
bekannt als Adele.
Das fand in Paul Kuhn
eine verwandte Seele.

Adele spielte Klavier
und sang auch dabei
und meinte, es gäbe kein Bier
auf Hawaii.

Und sie sang in Riquewihr,
trällert da und sang hier:
„Gehm'se dem Huhn am Klavier
noch'n Bier, noch'n Bier!"

Und war Adele overdosed
vom vielen Biergeschlunter,
dann lallte sie sich selbst zum Trost:
„Milch macht müde Hühner munter!"

Dann hatte sie den Schnabel voll
von Popmusik und Schlager
und wechselte – ist das nicht toll?
ins Jazz- und Big Band-Lager.

Adele war schon nicht mehr jung,
doch spielte sie den Swing mit Schwung
und schlug noch ohne Rasten
mit viel Elan die Tasten.

Bald kam ihr andres in den Schädel
der Bigbandsound klang ihr zu fett.
Sie gründete sehr fein und edel
das Adele Kuhn-Terzett.

Und wenn sie nicht gestorben ist,
dann klimpert sie noch immer,
denn wer sich die Musik erkiest,
der lässt davon wohl nimmer.

Hühnerlimerick 3

Es war einst ein Huhn in St. Peter,
das sprach unter lautem Gezeter:
„Der Hahn hat 'nen Knall,
treibt's mitten im Stall,
das geht doch auch etwas diskreter."

Der stolze Hahn

Warum ist nur der Hahn so stolz?
Weil er eben aus gutem Holz!
Schon damals bei den alten Kelten,
da konnte er als heilig gelten.
Des Hahnes wahrer Kampfesmut,
der galt auch bei den Römern gut.
Sie machten ihn zum Wappentier,
schneidiger Hahn, welch' eine Zier!

Der stolze Gang, die Heldenbrust,
das edle Haupt, die Kampfeslust,
der laute Schrei, sein scharfer Sporn,
die Tapferkeit, der wilde Zorn,
die morgendliche Pünktlichkeit,
sein prächtig-schönes Federkleid,
war auch Franzosen angenehm,
gallischer Hahn heißt er seitdem.

Die Bibel kennt den Hahn zuhauf.
Er ist halt immer obenauf,
selbst auf der Kirche muss er hocken
ganz oben droben bei den Glocken.
Auch bei der Stadtmusik aus Bremen
ließ er seinen Gesang vernehmen.
Und wenn der Hahn kräht auf dem Mist,
dann bleibt das Wetter, wie es ist.

Auch hält er immer treue Wacht
bei seinen Hennen – Tag und Nacht.
Und ohne ihn würden die Küken
wohl nie das Licht der Welt erblicken.
Für eine extra Hand voll Körner
setzt er dem Hahnrei auf die Hörner
als Muster eines Sexsymbols.
Darum halt ist der Hahn so stolz.

Das Europäische Hanghuhn

Das europäische Hanghuhn,
das weiß doch jedes Kind,
muss laufen, kann nie lang' ruh'n,
und lebt nur dort, wo Hänge sind.

Das Hanghuhn hat ein langes Bein,
damit es nicht vom Hang fällt.
Das Bergbein muss viel kürzer sein,
das ist der Ausgleich auf der Welt.

Und daraus folgt, das Hanghuhn
kann nur in eine Richtung geh'n,
sich umdreh'n wär nicht opportun,
andersrum kann es nicht steh'n.

Und daraus wiederum folgt sodann,
das es als Art gefährdet ist,
denn niemals trifft es auf `nen Hahn,
muss auf die rote List.

Gesetzt es sei, dass ein Hanghuhnhahn
ein Hanghuhn von hinten schnapp',
es ist, um aus der Haut zu fahr'n,
beide rollen den Hang hinab.

Das europäische Hanghuhn,
ein jeder kennt es doch,
muss laufen, kann nie lang ruh'n,
fragt sich nur, wie lange noch.

Es ist, um aus der Haut zu fahr'n, beide rollen den Hang hinab

In einer Meierei

In einer Meierei,
da legt ein Huhn ein Ei
und um es zu behüten,
setzt es sich drauf zum Brüten.

Was für die Kids der Potter,
ist für das Ei der Dotter.
Aus einer Keimzelle im Ei,
da werden ruckzuck zwei und drei

und schon sind es ein Dutzend dann,
dass man sie kaum noch zählen kann.
Und aus diesen Zellen eben,
da erwächst dann neues Leben.

Das Huhn in wenigen Augenblicken
geht aus, um schnell ein Korn zu picken.
Doch darf es unterdessen
die Eier nie vergessen.

Sehr bald schon kehrt es wieder
und lässt sich darauf nieder,
wobei sein Federkleid – mich deucht
vom Morgentau ist etwas feucht.

Ganz wichtig ist die Feuchtigkeit
für der Eihaut Geschmeidigkeit,
denn so bleibt sie stets penetrabel
per Eizahn auf dem Kükenschnabel.

Denn damit bohrt das Küken dann
die Schale ein klein wenig an,
damit es drinnen Atem schöpft,
den braucht es nämlich, wenn es schlöpft.

Denn die Schale zäh und hart,
die es hat so gut verwahrt,
ist nicht einfach zum Zerspringen
und zum Aufbrechen zu bringen.

Danach kriecht es sogleich wieder,
seiner Mutter ins Gefieder.
Aber schon nach kurzer Zeit
richtet es sein Daunenkleid.

Große Freude allenfalls
ob des kleinen Federballs,
nur der Hahn, der spricht profunder:
„Seht, das ist des Lebens Wunder.“

Warum fällt das Huhn
im Schlaf
nicht von der Stange?

Im Hühnerhaus auf seiner Stange
hockt das Huhn weiß Gott wie lange.
Wie das Huhn es wohl anstellt,
dass es nachts nicht runterfällt?

Wenn ein Mensch auf einer Stange
Balanciert, wird's ihm schnell bange
zittern ihm bald die Gebeine,
wünscht er eine Halteleine.

Doch den Hühnern – ei der Daus –
macht das überhaupt nichts aus.
Ganz entspannt und völlig locker
geben sich die Stangenhocker.

Keine Kunst, denn sitzen sie,
führt die Sehne übers Knie
und über den Fersensporn
zu den Zehen ganz nach vorn.

Dadurch wird ganz ohne Kraft
schnell der Sehnenstrang gestrafft
und die Krallen klammern sich,
ob das Huhn will oder nich.

Nebenbei: Dies Kunststück kann
Sperling, Adler und Milan:
Alle Vögel sitzen fest,
ob auf Bäumen im Geäst

oder eben auch auf langen
oder kurzen Käfigstangen.
Dieser Trick klappt überall,
also auch im Hühnerstall.

Steht das Huhn nun auf der Erden,
wo die Füße gerade werden,
braucht es dazu große Kraft,
weil es dieses sonst nicht schafft.

Lebt das Huhn im Hühnerknast,
hat es Stange nicht noch Ast,
keine Chance sich auszuruh'n
muss es schrecklich leiden nun.

Die, die Tiere malträtieren,
müssen endlich eins kapieren:
Auf der Welt so manches Leid
kommt nur durch Unwissenheit.

Das Federvieh des Wilhelm Busch

Mancher gibt sich viele Müh'
mit dem lieben Federvieh:
Einerseits der Eier wegen,
welche diese Vögel legen,
zweitens, weil man dann und wann
einen Braten essen kann.
Drittens aber nimmt man auch
ihre Federn zum Gebrauch
in die Kissen, in die Pfühle,
denn man liegt nicht gerne kühle.

So wusste es schon Wilhelm Busch,
der darum diese Verse drusch.
Gegen diesen Dichterfürsten
in ich nur ein armes Würsten.
Doch, ich mag, genau wie er,
Federviecher, und zwar sehr.
Zeugnis unserer Passion,
sind Gedichte in Legion.
Was der Meister hat gedichtet,
hab' ich sorgsam hier gesichtet.

Nirgends anders sorget das
Federvieh für soviel Spaß,
wie genau bei eben diesen,
welche Max und Moritz hießen.
Hühner wurden eingefangen,
dass sie an den Bäumen hangen
und selbst aus der großen Pfannen
stehlen sie die Kleptomanen,
eben als die Witwe Bolte
sie sich einverleiben wollte.

Doch am Ende sterben die
Lümmel auch durchs Federvieh:
Der Müller mahlt sie wie Getreide
und seine Enten fressen beide.
Doch damit ist's noch nicht vorbei
mit der Geflügelzeichnerei.
Auch Huckebein, den Unglücksraben,
soll Wilhelm Busch gezeichnet haben.
Auch wie die Ente und der Enterich
den Frosch quälten ganz fürchterlich,
bis der Koch, der ungeschlachte,
dem Federvieh den Garaus machte.

Und auch ein Nest mit jungen Raben,
das wollten Knaben gerne haben,
doch die Knaben fallen stumpf
dabei kopfüber in den Sumpf.
Hätt' nicht ein Jäger sie entdeckt,
sie wären elendig verreckt.
Das schönste all seiner Gedichte,
ist die Hahnenkampf-Geschichte.
Sie zeigt, wie prima der Poet,
die Umwelt stets beobachtet.

Der Gicker- und der Gackerich,
zankten um den Topf Brühe sich
und keiner gab sich hier geschlagen,
bis beide in der Suppe lagen.
Begossen endlich gehen sie,
der Hofhund frisst den Rest der Brüh'.
Und weil der Zeichner und Poet,
so gern mit Federvieh umgeht,
sag ich: der alte Wilhelm Buschen,
der konnte was, der braucht nicht pfuschen.

Reiner

War einst ein Hahn mit Vornamen Reiner,
der war komischerweise kein Designer.
Nein, Reiner war Sänger, er sang einfach toll,
manchmal in Dur und oft auch in Moll,
doch war er kein Rocker, was meinst denn du so?
Er war ein Tenor wie Enrico Caruso.

Er hatte am Kopf eine schwarzweiße Feder,
ja so eine Feder, die hat halt nicht jeder.
Ja, Reiner, der hatte den Bogen voll raus,
er konnt nicht nur singen, er sah auch gut aus.
Und wenn er dann sang – und er sang ja sehr gern,
dann kamen die Hennen von nah und von fern.

Und eines Tags kam sogar Reinke Fuchs
und hörte zu, ganz genau wie ein Luchs.
Und nach dem Konzert sagt er: „Reiner, my friend,
es ist wahr, du bist ein Naturtalent.
Und ich bin dein Manager und heiße Klaus,
komm, wir tun uns zusammen, ich bring' dich groß raus."

Reiner, der freut sich: „Ja, oh ja!
Das ist prima, ich wär' gern ein großer Star.
Und möchte auch mal übern großen Teich.
Wenn du dass schaffst, dann werden wir reich."
„No Problem, in der Branche bin ich ein Fuchs",
sagt Klaus. „Ich mach' das klar, das ist kein Jux."

Reiner tritt auf und Reiner, der singt,
während sich Klaus an die Hennen ranswingt.
Bei Reiners Stimme schmelzen Hennen dahin,
und haben nur noch das eine im Sinn.
Plötzlich ein Bersten, ein Biss und ein Happ,
und wieder tritt eine Henne ab.

Der Reiner ist sauer und sagt: „Lieber Klaus,
du hast mir versprochen, du bringst mich groß raus.
Stattdessen kommt keiner mehr ins Konzert,
da läuft doch irgendwas verkehrt.
Und das bei diesem tollen Wetter,
und ganz nebenbei, du wirst auch immer fetter."

„Das Fette, das kommt von der Arbeit, Reiner!
Ich schaffe so hart wie sonst hier wohl keiner.
Und vielleicht bist ja auch nicht so 'n toller Sänger,
jedenfalls für dich maloch ich nicht länger.
Dafür, lieber Reiner, bist du als Braten
ganz gut und nicht zu speckig geraten."

Da wurde dem Reiner bang und bänger
und das war das Ende von Reiner, dem Sänger.
Und die Moral von der Geschicht':
Nur Schönheit und kein Geist, das taugt eben nicht.

Und eines Tags kam sogar Reinke Fuchs
und hörte zu, ganz genau wie ein Luchs

Der Wurm von Thurm

Es war einst ein Huhn im Dorfe Thurm,
das fand beim Kratzen einen Wurm
und wollte ohne Verbleiben
den Wurm sich einverleiben.

Der Wurm sucht's zu vermeiden,
der mochte das nicht leiden
und gräbt sich schnellstens in die Streu,
wo ihn die Henne fand aufs Neu.

Und packt ihn komfortabel
mit ihrem spitzen Schnabel.
Der Wurm, der muss nun sinnen,
wie er ihr kann entrinnen.

Er bindet sich und windet sich,
doch leider, er entschwindet nicht,
so dass er schließlich sich zerriss
und ihr nur eine Hälfte ließ.

Das Huhn im ersten Schrecken,
ließ sich die Hälfte schmecken,
und hätte unterdessen,
den Rest auch gern gefressen.

Es scharrt und kratzt unwirsch im Sand,
wo es den Rest nun auch noch fand
und fraß mit Kopf und Haut und Haar
das auf, was da noch übrig war.

Der Wurm fand in der Henne Bauch
nun seine andre Hälfte auch.
Erst haben beide sehr geweint,
dann haben sie sich schnell vereint.

Und krochen weiter, noch und noch
der Henne aus dem Hinterloch.
Das Huhn bekam die Flucht zwar mit,
doch fehlt ihr nun der Appetit.

Die Würmer gruben sich geschwind
und haben sich sehr gefreut.
Und wenn sie nicht gestorben sind,
dann graben sie noch heut'.

Hühnerlimerick 4

Ich traf neulich so zwei, drei Hennen,
ohne sie näher zu kennen.
Sie saßen im Stroh
und waren so froh.
Ich legt' mich dazu um zu pennen

Ein Fest im Hühnerhof

Heute ist ein Fest im Hühnerhof,
die Band, die spielt im Stall.
Alle Hühner kommen schnell zu Schwof,
denn heut' ist Damenwahl.

Alle stürzen sich auf Ignaz.
Ignaz ist der Hahn im Korb.
Doch Ignaz tanzt nur noch mit seinem Schatz,
das ist die Ingeborg.

Alle Hennen klatschen Ignaz ab,
doch Ignaz sagt: „Pardon.
Ich kann nicht mehr, ich mach' gleich schlapp,
das habt ihr jetzt davon."

Da tanzt die dicke Berta
mit der dürren Ann-Kathrin
und Sabine und die Hertha
tanzen Walzer wie in Wien.

Die Band, die spielt jetzt einen Tusch.
Die Meise spielt die Flöte.
Die Geige streicht die schwarze Musch,
Trompete bläst die Kröte

Der Hofhund zupft den dicken Bass.
Die Ziege spielt Klavier,
Karlheinz, das Schwein, das singt uns was,
die Trommel schlägt der Stier.

So geht der Schnaderl-Hüpfer ab,
die Band spielt Rock'n'roll.
Die Hühner, die sind schwer auf Trab
und finden es ganz toll.

Im Nest, da ist ein warmer Platz.
So mollig gut versorgt,
da liegt Schlawiner Ignaz
mit seiner Ingeborg

Wie oft, nach einer Feierei
- ob Party, ob Hühnerfest -
dann findet sich plötzlich ein Ei
in einem fremden Nest.

So auch Ingeborg, die brütet schon,
sie kriegt ein Hühnerkind.
Der Ignaz ist auf und davon,
wie die Männer mal so sind, jawoll

Ein guter Hahn wird immer fett

Ein guter Hahn wird niemals fett?
Wer das sagt, der ist doof,
weil der nie zugesehen hätt'
auf einem Hühnerhof.

Ein schlechter Hahn muss immer rennen
den Hühnern hinterher
und kriegt nie eine von den Hennen,
das frustet ihn gar sehr.

Er hat nie Zeit zum Fressen
am Körnermaisbankett
und wird dann unterdessen
natürlich auch nie fett.

Ein guter Hahn, der wartet nur
und rennt nicht groß herum.
Die Hühner komm'n in einer Tour,
so'n Hahn der ist nicht dumm.

Die Hühner sehen die Qualität
von einem guten Hahn.
Ein guter Hahn braucht nie Diät
und ist ein Top-Galan

Ein guter Hahn hat immer
'ne Henne mit im Bett.
Drum wird er auch nicht dünner,
sondern eben fett.

Ein guter Hahn hat immer 'ne Henne mit im Bett

Vogelgrippe

Die Hühner haben die Grippe in Schuld,
die Hühner die werden vernichtet.
Als hätten die Hühner selbst mit Geduld,
im Labor erst das Virus gezüchtet.

Oder sind's die Vögel gewesen?
Erschießt sie, macht sie nur nieder!
Und die Japaner und Chinesen,
so kehrt Recht und Ordnung wieder.

Uns droht eine große Pandemie,
immer näher rückt uns die Front,
wenn wir uns wehren, erreicht sie uns nie,
wenn nicht, dann wird keiner verschont.

Kennt ihr das Lied, das alte Lied?
Ihr habt es so oft schon gehört.
Sein Klang hat das Volk bis ins letzte Glied
geängstigt und verstört.

Erst war's der Russe, dann war's der Jud'
Vanzetti, Guevara, van Gogh.
Wenn die Angst blass ist, dann braucht sie halt Blut.
Wie lange, wie lange denn noch?

Hühner sind auch nur Menschen

Frau Kickrich trifft mit ihrem Hahn
am Zaun Frau Gackelich mit Mann
und spricht: „Sieh an, Frau Gackelich,
war'n Sie dies Jahr im Urlaub nich?
Sie sind so bleich, geradezu blass,
Sie kriegten keine Sonne, was?"

Frau Gackelich find't das infam,
ihr schwillt drauf sogleich der Kamm:
„Bei uns Wyandotten im Salon,
zählt heller Teint zum guten Ton.
Darin sind wir ja so verschieden,
von euch gewöhnlichen Hybriden.

Im Urlaub war'n freilich schon
auf einer Nordpol-Expedition.
Da droben bei den Pinguinen,
hat halt die Sonne nicht geschienen.
Doch Eisbeer-Coktails, ja, die schmecken,
da würden Sie die Krallen lecken."

„Am Nordpol? Ha, gleich lache ich",
kichert schrill Frau Kickerich.
„Ein Urlaub ohne Strand und Sonne,
ist für uns beide keine Wonne.
Und lieber unter Palmen ruh'n,
als immerfort zu vornehm tun."

Da sagten alle beide: „Puh!"
Und wandten sich dem Stalle zu.
Drauf wendet sich der Kickerich
an seinen Freund, den Gackelich:
„He, Kamerad, verrat mir wohl,
gibt's Pinguine am Nordpol?"

Die Schultern zuckt der Gackelich.
Und sagt: „Mein Freud, was weiß denn ich?
Im Hühnerhof, wo's mir gefällt,
erblickt' ich einst das Licht der Welt.
Und auf Gedeih' und auf Verderb
blieb ich hier, bis ich einst sterb'.

Ferne Länder, fremd und schön
hab' ich noch niemals geseh'n.
Wovon sollt ich mit der Eisen-
bahn von hier nach dort verreisen?
Bei der Hennen Großgetue
halt ich eines: Meine Ruhe."

Die Geschichte von Hahn Adrian und der Henne Änne

Es war einmal ein toller Hahn,
der hieß mit Namen Adrian.
Er rannte schell, wie Autos fahr'n,
wenn sie mal auf der Autobahn.
Und dieser Haushahn Adrian
war stolzer noch als Aga Khan,
weil er mit einem Affenzahn
so rannte, wie's sonst keiner kann
noch nicht einmal der Goldfasan.

Da kam die hübsche Henne,
die hieß mit Namen Änne
und sagt: „Ich glaub' ich penne,
was soll denn das Gerenne,
als ob der Schwanz dir brenne?
Für dieses Rumgerenne,
von hier bis in die Senne,
da fehlt mir die Antenne,
mon cher Aderienne."

Doch ach, der schnelle Adrian,
der war einfach ein Dummerjan
und rannte weiter wie'n Orkan
durch Schnittlauch und durch Majoran.
Da kam der Bauer Christian,
das war ein echter Grobian.
Der schmiss gleich seinen Traktor an
und fuhr den Haushahn Adrian
so platt wie eine Pfann'.

Da sprach die Henne Änne:
„Mein lieber Adrienne,
glaub bloß nicht, dass ich flenne."

Ein Hühnertag

Es gluckt das Huhn, der Hahn der kreiht,
jetzt ist es langsam Aufstehzeit
und erst halb sechse in der Früh,
was schert's das liebe Federvieh.

Und wer die Hühnerviecher mag,
ist für sie da, den ganzen Tag.
Der erste Weg, auf jeden Fall,
der führt am Morgen in den Stall.

Die Hühner hält es nicht mehr drinnen,
sie brauchen Körner in die Rinnen.
Der Hühnerfreund steht froh dabei
und freut sich auf sein Frühstücksei.

Den ganzen Tag lang, so Gott will,
steht das brave Huhn nie still.
Es buddelt, das ist allerhand,
wohl hundert Löcher in den Sand

Und fängt den Regenwurm, den scheuen,
mag er im Boden sich vertäuen.
Das Huhn, das zieht, der Wurm der längt sich,
dann gibt er auf und er erhängt sich.

Am Kratzen hat das Huhn Gefallen,
kein Halm entgeht den scharfen Krallen,
doch findet eine mal ein Blatt,
woll'n alle haben, was sie hat.

Und darum ist ein Kopf Salat
ein Festessen auf Hühnerart.
Die erste, die ein Blatt sich zupft,
wird von den andren schwer gerupft.

Gerad' so, als ob die grüne Gabe
nur dieses eine Blättchen habe.
Die, die es hat, die kann sich freu'n,
die andern rennen hinterdrein.

Doch immer, was der Tag auch bringt,
der Hühnerhof wird gut gedüngt.
Man riecht, dass man es nicht vergisst,
stets den gesunden Hühnermist.

Am Abend, wenn die Nacht sich senkt,
zum Stall das Huhn die Schritte lenkt.
Der Halter schließt die Stalltür zu
und geht danach gleich selbst zur Ruh'.

Ein blindes Huhn

War einst die Henne Erika,
die hatte rechts den Grauen Star
und links, das war jetzt nicht so schön,
da konnt' sie überhaupt nichts seh'n.

Doch Erika, die glaubt an sich,
ob sie was sieht oder auch nich.
Denn da, wo sonst das Auge blinkt,
da blitzt und glänzt jetzt ihr Instinkt.

So kratzt sie frohgemut im Mist,
wobei sie stets zufrieden ist.
Mit dem Bewusstsein und Ansporn:
Ein blindes Huhn find`t auch ein Korn.

Mit ihren scharfen Krallen
scharrt sie an den Strohballen,
ob in den trockenen Ähren
wohl noch paar Körnchen wären.

Das Stroh ist hart gepresst,
drum kratzt sie jetzt ganz fest.
Da rollt aus all dem Kuddelmuddel
vom Doppelkorn, 'ne ganze Buddel.

Die Henne schlürft, die Henne nippt,
die Henne schluckt, die Henne kippt,
die Henne ist bald knille,
es klart sich die Pupille.

„Es schdimmt schon", spricht das Huhn verworr'n.
„Ein blinnes Huhn finn au ein Koan,
ich hab's nur fallsch verstannen."
Und schwankt getrost von dannen.

Warum die Henne Dora zukünftig Winterberg meidet

Die Henne Dora war nicht mehr eine der Jüngsten,
fast sechzig Küken hat sie in die Welt gesetzt.
Das letzte kam mit Müh' und Not zu Pfingsten.
Müde und abgespannt fühlt Dora sich zuletzt.

Bruno, ihr Hahn, will sich als Kavalier erweisen
und bucht für Dora das Hühnergenesungswerk.
Damit kann Dora dann per Bus verreisen
auf Kegeltour ins schöne Winterberg.

Schon auf der Fahrt kreist unentwegt die Flasche
mit Eierlikör und eine auch mit Sekt.
So manche hat heimlich ihre Pulle in der Tasche.
Dora stellt fest, dass ihr der Sekt nicht schmeckt.

In Winterberg ziehen alle los zum shoppen,
Dora ist müde, darum möchte sie nicht mit.
Sie nutzt die Zeit, um in ihr Bett zu hoppen
und ist dafür am Abend dann topfit.

After Dinner schiebt Dora zum ersten Mal Kegel,
den anderen tun vom Einkaufen die Füße weh.
Dora ist ausgeruht, ganz munter und sehr kregel,
wirft nur Hinterkränze ums Vorderkarree.

Die anderen kommen schleppend nur in Fahrt
und brauchen dazu Sekt und viel Schabau.
Dora bleibt abgeklärt auf ihre sanfte Art
trinkt klares Wasser nur – mich deucht das schlau.

Um zehn Uhr begibt die Dora sich zur Ruh'
und gleich darauf schläft sie in Frieden mit sich ein.
Jedoch im Traum noch hört sie unten immerzu
die anderen Hennen lachen, lallen oder schrei'n.

Beim ersten Hahnenschrei ist Dora heiter erwacht,
fuhr fröhlich pfeifend im Paternoster frühstückswärts
und hat dabei an Bruno, ihren stolzen Hahn gedacht,
da ward es ihr auf einmal warm ums Herz.

Tief in Gedanken pickte sie an ihrem Vollkorntoast,
(die andren Hennen schliefen noch den Rausch aus)
dachte: „Was tu' ich hier, bin ich noch ganz bei Trost?"
und checkte, ehe die anderen erwachten, aus.

Am Abend kehrt sie müd' zurück nach Haus,
küsst ihren Bruno, nimmt die Küken in den Arm.
Dora erzählt ihm alles und sie ruht sich einfach aus
und ihr Bruno hält sie einfach fest und warm.

Dora schwor sich: „Mit so versoffenen Hühnern
fahr' ich nie mehr mit dem Hühnergenesungswerk,
ich fahr' nicht weg, noch nicht mal bis nach Rhynern,
geschweige denn, ganz bis nach Winterberg".

Frieda und die tollen Hähne

„Ach, sind echte Kerle knapp,
keine Muckis, kein Feuer, kein Sex.
So fett und schlapp, das törnt doch ab,
die sind alle genau wie mein Ex."

So schimpft die Henne Frieda
und starrt auf Klausi, ihren Hahn.
„Ich bräuchte endlich mal wieder
einen richtig feurigen Mann.

Es sollen doch die Ungarn so scharf sein,
die haben Paprika im Blut
und wollen nicht immer so brav sein,
so'n Ungar, der täte mir gut."

Nach dem drei Tage sinniert hat
Da sagte sie sich: „Jetzt ist Schluss!"
Und setze die Pläne in die Tat
und fuhr nach Ungarn per Bus.

Bald fand sie einen Magyaren,
das war ein richtig scharfer Zahn
und auch noch knackig, jung an Jahren
und sie sprach: „Komm mein Hahn."

Der ließ sich das nicht zweimal sagen,
er hat die Frieda heiß geküsst
und schuf ihr tiefstes Wohlbehagen,
er weckte ihr Gelüst.

Bald hatte Frieda Prellungen
und war auch sehr zerzaust,
nach über 90 Stellungen.
So hatten sie geschmaust.

Nach einer Woche kam sie dann
todmüd' zurück zum Stall.
Sie legte sich zu ihrem Hahn
und ruhte erst einmal.

„Am schönsten", sagt sie, „ist's Zuhaus'.
Da bin ich friedlich und froh,
doch einmal jährlich muss ich raus,
das ist nun einmal so."

Sie dachte: „Von den Magyaren
hab ich den Schnabel erstmal voll,
demnächst will ich nach Spanien fahren,
ja, so'n Torero wär schon toll!"

Hühnerlimerick 5

Ich traf letzte Woche in Xanten
einen total abgebrannten
Hahn mit Problemen
der musste nach Bremen
zum Konzert mit den Stadtmusikanten

Fette Henne - Fitte Henne

Es ist die Henne Ruth-Marleen
recht hübsch und rundlich anzusehn.
So viele Küken, immer wieder,
das schlug sich auf den Hüften nieder.

Das war der Ruth-Marleen egal
bis sie bemerkte, dass ihr Karl,
der Hahn, sich nicht mehr um sie scherte
und lieber jüngere beehrte.

„Oh Karl", sprach sie. „Du Hahn, du Schuft!"
So machte Ruth-Marleen sich Luft.
„Du Weiberheld, du Donschuan,
was hast du mir da angetan?"

Worauf sie jäh verstummte
und nur noch leise brummte:
„Na warte, Casanova,
das kriegst du wieder – over."

In dieser Angelegenheit
ging Ruth-Marleen nach einiger Zeit
zu ihrer Base, der Beaten,
um sich eingehend zu beraten.

Beate sprach: „Was geht's mich an?
Zu mir kam lange schon kein Hahn.
Ich sage es dir explizit:
Ein Hahn will nur, was schlank und fit."

Ruth-Marleen fragte: „Schlank und fit?
Da weiß ich was – du, komm mal mit.
Ich kenn 'n Ort in Buxtehude,
der nennt sich, glaub' ich, Muckibude."

So ließen sie sich unterweisen
im Stemmen mit den schweren Eisen
und gleich danach kamen die Hennen
auf dem Laufband schwer ins Rennen.

Nach sechs Wochen Müh' und Plag,
hartem Training Tag für Tag,
oh, wie war'n sie anzusehen:
schlank und fit und morgenschön

kamen sie zurück nach Haus.
Karl, der Hahn flippt völlig aus.
Solche durchtrainierten Hennen
konnt' der arme Karl nicht kennen.

Nähert sich mit Kratzefüßen,
um die Schönen zu begrüßen.
Doch die durchtrainierten Hennen,
dreh'n sich um, um wegzurennen.

Nach drei Runden um das Haus
geht dem Karl die Puste aus.
Seht, da liegt er und er keucht,
der so hoffnungsvoll gefleucht.

„Tja", klingt's wie aus einem Schnabel.
„Diese Leistung ist blamabel.
Bist du sportlich nicht so fit,
kommst du nicht mehr mit uns mit."

So ließen sie sich unterweisen im Stemmen mit den schweren Eisen

Liebe unter südlicher Sonne und ihre Folgen

Als einst die Henne Cordula,
mal wieder richtig fertig war,
von all der Plag', der nimmermüden,
entschloss sie sich: „Ich fahr gen Süden."

Und als ein Papagallo kam,
sie in die starken Arme nahm
da dachte sie: „Oh je, oh Schreck,
ich bin ja völlig hin und weg."

Der Hahn sang von Amore
ihr ständig etwas vor-äh
Und sie sprach: „Ja, ich mag dich auch
mit deinem tollen Waschbrettbauch."

Doch in der heißen Tropennacht,
noch ehe Cordula gedacht,
da ist es dann geschehen.
Er ward nie mehr gesehen.

Kaum war der Urlaub dann vorbei,
da legte sie ein buntes Ei.
Der Haushahn stutzt und sprach zu ihr:
„He, dieses Ei ist nicht von mir."

Was half all ihr Flehen,
Cordula muss gestehen.
Der Hahn sprach: „Sag, und lenk nicht ab,
was hat der Kerl, was ich nicht hab?"

Die Cordula hat nachgedacht,
bis in die tiefe dunkle Nacht.
Dann sprach sie: „Nichts – mein Ehrenwort.
Nur er – er hatt' das alles dort."

Und die Moral von der Geschicht':
Lasst eure schönen Frauen nicht
allein in Urlaub reisen.
Nein seid nicht dumm, fahrt lieber mit,
denn Seeluft, die macht Appetit!
Ihr könnt zusammen speisen.

Hühnerlimerick 6

Es hatten zwei Hähne in Hagen
den ganzen Tag wenig zu sagen.
Die Hühner, die quatschten,
sie plappern & tratschten.
Das kann wohl kein Hahn je vertragen.

Die Modepuppe

Das Huhn in dieser Episode,
das geht stets mit der neusten Mode,
es trägt die Federn onduliert
und hat die Krallen maniürt.

Der Kamm ist völlig abgedriftet,
der Po zu fünften Mal geliftet.
Es trägt Make up auch um die Augen,
lässt an den Schenkeln Fett absaugen.

Das Kleidchen, das ist von Dior,
die Goldohrringe sind von Prior.
Die Handtasche, die ist von Gucci,
die Digicam die stammt von Fuji.

Die Highheels von Versace,
das hört man am Geknatsche.
Kurz: Dieses Huhn von Kamm bis Sporn
liegt in der Mode ganz weit vorn.

Da kam der Bauer in den Stall
und kriegt fast einen Schlaganfall.
Er greift die Luxusschnalle
und macht sie sofort alle.

Und die Moral von der Geschicht:
Vergeud' kein Geld für Mode nicht!
Am Ende kommt die Modepuppe
wie andre Hühner in die Suppe.

Die Modepuppe

Im Käfig

So wie die schönste Lerche
im goldenen Käfig erstickt,
so wird das Huhn im Pferche
der Käfighaltung verrückt.

Es kann nicht kratzen und eilen,
kann nicht mal aufrecht steh'n,
es muss hinter Gittern verweilen,
kann nie den Himmel sehn.

Oh, Mensch, wie wirst du dich fühlen
im finsteren Kerker darin?
Du würd'st dir das Herz zerwühlen
und ist doch lauter dein Sinn.

Drum sperr kein Tier hinter Gitter
wie man dich hinter Gitter nicht steckt.
Und denke daran, wie bitter
der Odem der Unfreiheit schmeckt.

Und kauf'nichts, was Gottes Geschöpfe
in Gefangenschaft produzieren.
Hau lieber die auf die Köpfe,
die Hühner-KZs konstruieren!

Schöne Ferien

Elsa Huhn und Paul, der Hahn
wollten mal 'gen Süden fahr'n.
Also mussten sich die Küken
im Rücksitz zusammendrücken
zwischen Koffern eng und enger.
Hinten dran der Wohnanhänger
voll gepackt mit Naturalien
ging es südwärts 'gen Italien.

Als der Hof nicht mehr zu seh'n,
fing'n die Küken an zu kräh'n:
„Mama, Papa, ist's noch weit?"
Und schon nölten sie zu zweit:
„Ich hab Hunger, ich hab Durst".
Sprach der Hahn: „Das ist mir Wurst.
Mit dem Flennen ist jetzt Schluss,
weil ich konzentriert sein muss."

Doch die Kinder sind nicht still,
flugs erfinden sie ein Spiel:
„Wer ein rotes Auto sieht."
„Ich!" „Nein, rosa zählt nicht mit."
„Och, du bist ja ganz gemein!"
Und schon fangen sie zu schrei'n,
kratzen, zieh'n sich Federn aus.
„Ich schmeiß euch gleich alle raus!",

brüllt der Hahn jetzt richtig bös'.
Muttern wird nun auch nervös:
„Fahr doch etwas schneller, Mann."
„Fahr doch du, ich fahr rechts ran!!"

Abseits von der Autobahn
treffen sie 'nen Hollandhahn,
der im Klappstuhl ganz geschickt
und entspannt sein Picknick pickt.

„Schaut euch diesen Kaaskopp an",
spricht darauf der Vater Hahn.
„Wie er faul da sitzt und frisst.
Nein, so ein Verhalten ist
nichts für einen deutschen Hahn.
Lasst uns nur gleich weiterfahr'n."
Gleich darauf im Stau sie stecken,
das ist auch kein Zuckerlecken.

Unterdessen ist's bald acht
und es dämmert schon die Nacht.
Auf dem Rasthof Ludwigshafen
sie im Caravan dann schlafen.
Jeder hat es wirklich nett
warm in seinem eigenen Bett.

Derweil auf der Autobahn
sieht man's Hollandhähnchen fahr'n.
Hat jetzt keine Zeit für Pausen,
muss nur sausen, sausen, sausen.
Somit gleicht sich alles aus,
jeder ruht sich halt mal aus,
deutscher oder Hollandhahn,
jeder muss auch mal hart ran.

Wenn der Hahn kräht in der Früh'
muss hinaus das Federvieh.
Jedes frisst noch schnell ein Korn
und dann geht es ab nach vorn.

Vater gibt gleich mächtig Gas.
Aber halt – da fehlt doch was?
Vater Hahn öffnet die Tür,
steigt aus und er guckt ganz stier.

Seine Räder, alle vier,
die ihn brachten bis nach hier,
sind während der Ruhestunden
unbemerkt von hier entschwunden.
Vater Hahn ist nicht erbaut
und er schimpft und flucht ganz laut:
„Oh, verdammte Sauerei.
Hilfe, Hilfe, Polizei."

Polizei tatütata
war nach zehn Minuten da,
schrieben gleich ins Protokoll:
„Sommerreifen, 14 Zoll,
wurden heute Nacht gestohlen."
Und sie ließen neue holen.
Kostete auch nicht die Masse –
nur die ganze Urlaubskasse.

Die Familie hielt nun Rat,
was jetzt zu geschehen hat.
Paul, der Hahn sagt: „So sieht's aus:
Wir müssen zurück nach Haus.
Ohne Kohle, ohne Moos,
ist am Apennin nichts los."
Alle Kinder waren froh,
wollten heimwärts sowieso.

Vater hat den Caravan
in den Vorgarten gefahr'n
wo sie, wie im Urlaub eben
frohgemut zusammenleben.
In der Kükenschule dann
kam als erstes Aufsatz dran.
Paul und Erna waren platt,
weil jedes ihrer Küken
„Meine schönsten Ferien" geschrieben hat.

Hühnerlimerick 7

Es sah ein Huhn in Paderborn
von hinten aus als wie von vorn.
Da nützte kein Winken,
es half auch kein Schminken,
es war für die Schönheit verlor'n.

Das Globetrotterhuhn

Wem Gott will rechte Gunst beweisen,
den schickt er in die weite Welt,
drum wollt' auch Henne Mechthild reisen,
die sich als Globetrotterin gefällt.

Sie nimmt ein Tuch und macht ein Bündel draus
mit Weizen, Mais und etwas Stroh darin
und meint: „Das reicht mir völlig aus.
So ausgerüstet komm' ich sonst wo hin."

Sie sagt dem Hahn Adieu und auch den Hennen:
„Ich schreib' euch mal 'ne Karte oder 'n Brief".
Da fing das Jammern an und auch das Flennen:
„Ach wär'n wir selbst noch mal so jung und so aktiv!"

Da schritt die Henne Mechthild kräftig aus
und hat sich erst nach einer Stunde umgesehen.
Da sah sie klein am Horizont das Hühnerhaus
und meint: „Verflixt, das könnte schneller gehen!"

Sie geht hält den Daumen raus an der Chaussee
und warten musste Mechthild gar nicht lang,
da hielt schon direkt neben ihr ein LKW.
Drin saß der Fuchs, und Mechthild wurde bang

Doch steigt sie tapfer bis hinauf ins Führerhaus.
Der Fuchs sagt: „Wohin geht's mein schönes Kind?"
„Och", sagt Mechthild. „Fahrn'se erstmal gerade aus.
Ich sag' Bescheid, wenn wir an meinem Ziel sind."

Dann hielt er an: „Ich lade dich zum Essen ein."
„Hm", sagte Mechthild. „Das wär' gar nicht schlecht."
„Haarr", schrie er jäh, „Du sollst mein Fressen sein!"
Da trat ihm Mechthild kräftig ins Gemächt.

Während er schmerzverzerrt am Boden wimmert ,
hält beide Hände schützend vor sein bestes Stück.
Da wendet Mechthild seinen Wagen unbekümmert
und fährt so schnell sie kann nach Haus zurück.

Sie holte Hahn und Huhn und Ei und Hühnerkind,
so eine fröhlich-bunte Reisegruppe sah man nimmer.
Und wenn sie nicht noch irgendwo verunglückt sind,
dann – schätze ich mal – reisen sie noch immer.

Vielgerühmte Hühner

Hühner sind mit Engelszungen
viel gepriesen, oft besungen.
Kaum 'nem andren Tier hernieden
ist so viel Ruhm und Ehr' beschieden.

In der Steinzeit die Chinesen
gründeten das Hühnerwesen,
schafften zu domestizieren
eins von wilden Vogeltieren

Und wenig später hielten die
Perser auch schon Federvieh.
Damals kriegt' ein Haushahn schon
für seine Umsicht schlechten Lohn.

Als Opfertier muss er herhalten,
oft gegen böser Geister Walten.
Jedoch die Römer waren ihm gut,
weil er so schneidig und voll Mut.

Als alter Griechenphilosoph
war Platon ganz bestimmt nicht doof.
Ihm war das Huhn gleich wie ein Weib,
nur noch mit Federn auf dem Leib.

Und im Mittelalter dann
sprach vom Huhn der Dichtersmann:
„Eine Uhr, die nicht geht,
ein Topf, der nicht steht,

ein Mädchen, das nicht fegt,
ein Huhn, das nicht legt,
eine Katze, die nicht maust,
die lässt du besser aus dem Haus."

Auch Kaiser, Könige und Grafen,
ganz wie wohlgenährte Pfaffen,
die fletschen nach gestopften Hähnen
– vulgo : Kapaunen – mit den Zähnen.

Auch die Märchen-Brüder Grimm
brauchten – das ist halb so schlimm –
einen ganzen Hahn im Stück
für die Bremer Stadtmusik.

Selbst Bert Brecht, das ist der Vater
von dem epischen Theater,
hat mal, sonst wo – unverfroren –
zwei Zeilen übers Huhn verloren.

Günter Grass – das Kunstgenie
mit der Danziger Trilogie,
brachte Katz' und Maus und Schnecke,
Rättin, Krebs und Butt zur Strecke.

Doch in seinem hohen Geist
auch ein Huhn-Gedanke kreist.
Was dem Schöpfergeist ersprossen,
ward in Bronze dann gegossen.

Seitdem in deutscher Literatur
wimmelt es von Hühnern nur:
„Maurice mit Huhn" und „Wilde Hühner"
„Himmel und Huhn" und immer kühner

Ein Buch, „Vom Huhn, das so allein war".
Ein Hühnerkochbuch von Klaus Weimar,
die „Flussfahrt mit Huhn" auf zwei CDs
und „Geschichten vom Huhn" von Hanns Jochen Dees.

Jetzt ist's mit den Hühnern mal genuch,
sonst sprech' ich noch über mein eigenes Buch.
Es reicht, denn damit ist bewiesen,
Hühner sind viel gerühmt und gepriesen.

Hühnerlimerick 8

Ein Huhn in Bad Bergzabern,
das träumte von seinen Liebhabern
und endet am Schluss
als leckres Couscous
im Saudiland bei den Arabern.

Das schlaue Huhn

Es sagt ein Mensch, ohne sich zu bedenken:
„Du dummes Huhn" – etwa um wen zu kränken.
Als ob seit „Pisa"-Studien nicht auch er wüsst',
dass's mit der eignen Klugheit nicht weit her ist.

Das Huhn, wie wenige Wissenschaftler wissen,
ist niemals dumm, nein eher schon gerissen.
Das Huhn ist bequem, macht sich gern einen Lenz,
na, zeugt das nicht von einer Mordsintelligenz?

Die Hühner lieben allesamt Musik,
das eine steht auf Bach oder auf Grieg,
das andere wieder fühlt sich richtig wohl
bei wildem, krachend lautem Rock'n'roll.

Ein Huhn, das ist nicht dümmer als Primaten,
weder die nackten Affen noch die stark behaarten.
Und wie Hühner ihre Sozialkontakte pflegen,
da sind wir die reinsten Robinsons dagegen.

Ein Huhn erkennt hunderte von Bekannten,
und das ganz ohne Biosprint und Ginkgolanten,
es versteht über dreißig Begrüßungstöne,
nicht nur das „Moin-", „Tach-", „Nahmt-" Gedröhne

Futter, das man gestern hat versteckt,
wird von Hühnern morgen noch entdeckt
Hühner lernen sogar per TV
welche Näpfe voll sind, welche nie.

Also ist das Huhn intelligent
und wer jemals dumm die Hühner nennt,
hat sich damit zugleich selbst entlarvt,
als recht dumm und etwas unbedarft.

Warum kräht der Hahn?

Wenn der Hahn kräht auf dem Mist,
fragt man, warum das so ist.
Seinen Hühnern im Revier
sagt er so: „Ich bin bei dir."
Andren Hähnen sagt er bloß:
„Vorsicht, hier bin ich der Boss!"

Früher sah im Hahnenschrei
man so dies und mancherlei:
Schon beim ersten Kikeriki
hüpften aus den Betten sie.
Kikeriki zur Mittagszeit
und das Essen steht bereit.

So war'n mit der Sonne Lauf
Hahn und Menschen munter auf,
bis das letzte Krähen dann
Feierabend zeigte an.
Abendessen war schnell alle
und ab ging es in die Falle.

So bestimmten Hahns Gesänge
auch des ganzen Tages Länge.
Früher noch im alten Rom,
an dem schönen Tiberstrom,
ei, was war das angenehm,
man hielt nichts vom Frühaufsteh'n.

Wenn der Hahn am Morgen kreiht
bleibt noch einmal soviel Zeit,
wie seit Mitternacht vergangen.
Da kann man doch nicht verlangen,
dass man derart früh aufsteht,
nur weil jetzt der Hahn schon kräht.

In Jerusalem in Juda,
oh, du Hahn, was tatest du da?
Glaube war auf Fels gebaut,
doch der Hahn kräht dreimal laut,
dreimal wurde abgeschworen.
Hahn, da hast auch du verloren.

Sagt der Hahn heut kikeriki,
ruft er nur sein Federvieh
Herrlich deucht mich der Gesang.
Glücklich sein können wir, solang
nicht, was unser Hahn so kräht,
im Verkehrslärm untergeht.

Das Gips-Ei
oder: Sanctus spiritus

Frau Meiers Henne Paula
zum Brüten viel zu faul war.
Da tat sie, um sie zu bewegen,
ein Gips-Ei ins Nest ihr legen.

Die Henne dachte: „Boh,
noch niemals sah ich so
ein Riesen-Ei im Nest.
Ob sich das bebrüten lässt?"

Die Henne sprach: „Glück auf!"
Und setzte sich darauf.
Die Henne wärmt und presst es
und gibt ihr allerbestes.

Sie mag es noch so hegen,
darin will sich nichts regen.
Sie sitzt von Juni bis August
und langsam, langsam kommt der Frust.

Sagt der Hahn vom Nachbargarten:
„Hör gut zu, ich will dir raten.
Das Kükenkriegen geht so nich,
es fehlt dir eins, und das bin ich."

Er hat ihr was geflötet,
worauf sie hold errötet.
Sie sprach ein sanctus spiritus,
dieweil der Hahn tat, was er muss.

Bald legt sie zum gipsernen Ei
noch ein paar eigene dabei.
Die sind zwar nicht so riesengroß,
doch Paula fand sie ganz famos.

Und kaum drei Wochen später war
umringt sie von der Kükenschar,
und führte sie zuerst zum Zaun,
da kam der Hahn, sie anzuschau'n.

Die Küken waren vorne weiß
und hinten gülden um den Steiß.
Vorn war's der sanctus spiritus,
hinten des Hahnes gold'ner Schuss.

Vom Huhn, dass goldene Eier legt

Es war ein armes Mütterlein,
das lebt in einer Hütte klein,
mit einem einz'gen kleinen Huhn
das tat, was halt die Hühner tun.

Da kam der Hausherr, der war Bauer,
und war schon lange ziemlich sauer:
„Zahlst Miete nicht für dieses Haus,
am nächsten ersten musst du raus".

Da war das Mütterlein bekümmert
(ihr Rheuma hat sich auch verschlimmert)
und sprach zum Huhn: „Wenn du dich regtest
und wenn du gold'ne Eier legtest,

würd' ich dem Bauern Miete geben
und wir könnten hier weiterleben."
Das Huhn verstand die Worte wohl
und tat auch gleich das, was es soll;

mocht' es verrenken sich den Steiß,
die Eier blieben braun und weiß,
an einem Tag ein Dutzend gar,
doch keines Gold gesprenkelt war.

Mütterlein sprach: „Du armes Huhn,
wie hast du dich geschunden nun.
Wir müssen wohl damit leben,
gold'ne Eier wird's nicht geben.

Da war's dem Hühnchen angst und bang
und es verbarg sich unterm Schrank.
Dort fand's in einem Dingelchen
ein kleines gold'nes Ringelchen.

Und wie's noch in dem Dinglein guckt,
hat es das Ringlein schon verschluckt.
Und wie der Ring zum Magen rutscht
vor Schreck ein Ei ihr rausgeflutscht.

Das Ei, das über Dielen rollt,
ist ringsherum aus purem Gold.
Das alte Mütterlein erwacht,
sieht was die Henne hat gemacht

Und ist von Herzen plötzlich so
ganz wie sie selten war, so froh
und springt behände aus dem Bett:
"Du, Huhn, hast uns gerettetet."

Sie steckt das Ei unters Plumeau
und als der Bauer an Ultimo
Kündigung schwenkend eilt herbei,
da zeigt sie ihm das güld'ne Ei.

„Siehst du dieses goldene Ei,
du verdammter Mietenhai,
reicht, dass ich hier leben mag
bis an meinen letzten Tag".

Hui, da ward der Bauer flott:
„Ja und nee, ochottochott
das wär nur ein Spaß gewesen,
nett gemeint und nicht im Bösen.

Ganz gewiss, du gute Frau,
wohnst du hier für lau, genau!
Aber sag mir nebenbei
woher hast du dieses Ei?"

„So ein Ei", sprach sie verwegen,
„kann nur meine Henne legen."
„Dreißig Taler geb' ich dir
für dies dünne, kleine Tier."

So ward der Handel abgemacht.
Bauer geht nach Haus und lacht.
Macht daheim 'ne kleine Feier
in Erwartung goldener Eier.

Doch die Henne legt ihm stur
ganz normale Eier nur,
viele weiß und mache braun
keines golden anzuschaun.

Bauer lief zum Mütterlein
und er fing gleich an zu schrei'n:
„Betrug, Verrat und Heuchelei,
das Huhn legt kein gold'nes Ei".

Mütterlein besah den Tropf,
warf ein Ei ihm an den Kopf,
sah das Gelb herunter rinnen:
„Siehst du wohl, das Gold ist innen."

Altes Mütterchen und Huhn
lebten dort in Frieden nun
und wenn sie nicht gestorben sind,
leben sie noch heut, mein Kind.

Der Trendsetter-Hahn

Jörg-Ingo ist ein toller Hahn,
der ist schon öfter Ski gefahr'n,
spielt Tennis wie der Tommy Haas
und ist ein echtes Skateboard-Ass.

Bei jedem Trend liegt er ganz vorn,
das Climbing hat er auserkor'n
weil Wandern viel zu langsam war
und viel zu abgeschmackt, na klar.

Per Wakeboard fliegt er übern Teich,
zum Gleitschirmfliegen geht's sogleich,
beim Canyoning ist er dabei
und taucht gern mit dem weißen Hai

Und Volley spielt er auch am Strand,
auf Snowboards hat er festen Stand,
beim Rugby ist er mit am Ball,
am Fallschirm übt er freien Fall.

Beim Casting steht er an den Spulen,
beim Bungee-Jump macht er den Coolen
und selbst beim Ironman, Hawaii,
steht er seit Jahren auf Platz zwei.

Er geht zum Bowling statt zum Kegeln,
statt Schwimmen geht er lieber Segeln,
beim Spinning und beim Mountainbiking,
da ist von Juni er bis Mai King

Jedoch daheim, im eigenen Stall,
da tat er einen schlimmen Fall,
weil da nach einem Trendsport-Tag
'ne Hantel noch im Wege lag.

Jetzt liegt er da, von Kopf bis Hand
gut eingepackt im Gipsverband,
er kann nicht kämpfen, spielen, siegen –
er muss jetzt stramm im Bettchen liegen.

Und all die coolen Guys und Friends
besuchen ihn, doch letztenends,
woll'n sie den Gips nur unterschreiben
und sonst auch gar nicht lange bleiben.

Als er nun ganz alleine war,
da wurde ihm allmählich klar:
„Scheiß doch auf cool, Scheiß auf den Trend,
ich hab' mein Leben nur verpennt!

Ich werd' ein ganz normaler Hahn,
will weder Rad noch Skateboard fahr'n.
Ich sehn' mich nach 'nem netten Huhn
und sehr viel Zeit, um auszuruh'n.

Und kleine Küken, eins, zwei, drei
die hätt' ich auch noch gern dabei.
Ach ja, wie herrlich wäre eben
ein trendiges Familienleben."

Da lachen ja die Hühner

Wenn mal ein Hahn aus Eitelkeit
und lauter Aufgeblasenheit
sich 'nen Coiffeur zum Stall bestellt,
der ihm den Kopfputz blond erhellt
und wenn dies Blond-Falsifikat,
sich dann verfärbt beim nächsten Bad
und wird statt blond nur immer grüner,
ja, dann lachen alle Hühner.

Die faule Sina nicht mehr will,
meint: „Eierlegen? – Nicht mein Stil."
Weil sie zum Brüten sich zu gut
und sie bequem nur immer ruht.
Doch wenn dann die Küken schlüpfen
und fröhlich durcheinander hüpfen,
dann ärgert sich die Sina,
da lachen alle Hühner.

Wenn Bauer Fritz mal fleißig ist,
holt aus dem Hühnerstall den Mist
und kratzt und fegt und putzt und so,
bestreut den Stall mit frischem Stroh
und muss mal tüchtig laufen
und fährt den Mist zum Haufen
und muss sich richtig müh'n – ja
dann lachen alle Hühner.

Wenn mal die Bäu'rin Apfel schält
und ihrem Mann 'nen Witz erzählt
der Bauer lacht so richtig laut,
dass er sich auf die Schenkel haut,

den Hühnern dann sie Schalen bringt
und nebenbei ganz glücklich singt
ein lustig-kleines Liebeslied,
dann lachen alle Hühner mit.

Wer selber oft und gerne lacht,
der hat vielleicht schon nachgedacht,
was dieser Satz, so wundervoll,
in Wahrheit wohl bedeuten soll:
Wenn wer Geschichten 'rumerzählt,
die Wahrheit dabei mächtig quält
und versteigt sich immer kühner,
dann lachen alle Hühner.

Viel rauer ist die Wirklichkeit,
den Hühnern wird in dieser Zeit
nur selten Glück und Freud beschert,
da läuft doch irgendwas verkehrt.
Oft in KZs sperrt man sie ein,
in Massenhaltung – doch allein.
Eh sie am Ende abgeschlacht,
hier hat noch nie ein Huhn gelacht.

Wenn ein alter Witz zu einem Gedicht wird, wird manchmal – aber nicht immer – sogar der Witz besser. Auf jeden Fall ist so eine „Umdichtung" immer ein Wagnis, wenn die Pointe vorher bekannt ist.

Sieh an!

Zu einem Mann, der Bauer war,
kam einst ein älteres Ehepaar.
Der Bauer führt die Leut' durchs Haus
und auf den Hühnerhof hinaus.
Die Frau, die solches niemals sah,
die stand mit off'nem Munde da.

Mit einmal tritt der Hahn ein Huhn,
wie Hähne das bisweilen tun.
Die Frau nun sehr begeistert schien
und fragt darauf so obenhin:
"Du Bauer, bitte sage mir,
wie oft am Tag tut das das Tier?"

Der Bauer muss nicht überlegen:
"So zwanzig Mal", sagt er verwegen.
Da werden ihre Augen rund,
bewundernd rundet sich ihr Mund
und tadelnd sagt sie ihrem Mann:
„Sieh an, sieh an, sieh an!"

Doch darauf fragt der Mann den Bauer:
„Herr Landwirt, seien Sie mal genauer.
Denn zwanzig Mal am Tag ist viel,
doch was ich gerne wissen will:
Sind diese zwanzig Mal denn nun
auch immer mit demselben Huhn?"

"Ach nein"! Der Bauer steht und lacht:
„Das geht nicht so, wie Sie gedacht,
ein jedes Mal ist bei dem Hahn
eine andre Henne dran."
Und darauf lächelt nun der Mann
und spricht zur Frau:

Osterhuhn

Der Frühlingsgöttin Feiertag,
der ist das Osterfest.
Sieh da, versteckt im Garten lag
ein buntes Osternest.

Drum ward dem Osterhas' zuteil
viel Lob und auch viel Ehr.
Doch halt: Vergesst mir in der Eil'
die Hühner nicht zu sehr!

Die Eier, die dir bringt der Has',
die sind, hast du's bedacht?
Von ihm bemalt – ja vielleicht das,
doch nie von ihm gemacht.

Denn, dass ein Hase Eier legt,
das glauben doch nur Dumme.
Und falls er das zu tun pflegt,
dann legt er leider krumme.

Irrtum

Mancher wäre gern ein Huhn,
denkt, dann braucht er nichts zu tun.
Wär' er eins, dächt' er: Von wegen,
nicht allein das Eierlegen
macht dem lieben Federvieh
hin und wieder etwas Müh'.

Leicht ist noch das Eierlegen,
doch dann muss man es gut pflegen,
muss es schützen und behüten
und dann wochenlang bebrüten.
Ist das Küken dann soweit,
wärmt man's mit dem Federkleid.

Und noch immer hockt man dort,
kann nicht hin und kann nicht fort
bis das Kleine endlich geht
und auf eigenen Beinen steht.
Dann muss man ihm alles zeigen,
nichts im Leben ihm verschweigen.

Körner fressen, Würmer fressen,
Wasser trinken nicht vergessen,
siehst du, dieses Blatt schmeckt lecker
und der Hahn ist unser Wecker.
Von diesem Käfer reicht ein Bissen,
alles muss das Küken wissen.

Ist das Küken endlich groß,
geht der Stress erst richtig los:
Hin ist die Figur, die schlanke,

stets bedrängt sie der Gedanke,
wenn der Hahn vorüber lief:
Bin ich denn noch attraktiv?

Dann geht's los: Neue Klamotten,
zum Friseur, 'nen neuen flotten
Schnitt, Make up und Pediküre,
dass den Hahn sie neu verführe.
In der neuen Miederwäsche
ist sie schlank wie eine Esche.

Und es klappt, dem Hahn – normal,
war der Mummenschanz egal
und schon wieder sitzt sie fest
auf 'nem neuen Ei im Nest.
Darum, wer ein Huhn gern wär',
um nichts zu tun, der irrt sich sehr.

Hühnerlimerick 9

Ein Küken aus Bonn am Rhein,
das hörte nicht auf zu schrei'n,
denn Vater und Mutter
die schmorten in Butter,
drum kriegt es sich nicht wieder ein.

Alphabetisches Inhaltsverzeichnis

Danksagungen

Ein Dankeschön und einen dicken Kuss bekommt meine Ehefrau Sabine, die nicht müde wird, mich beim Schreiben zu begleiten und zu unterstützen. Sie ist mir Muse und konstruktive Kritikerin und dient gleichzeitig als Versuchskarnickel für meine Arbeit. Wenn Sabine schmunzelt, ist der Text gelungen. Mit Geduld und Zuspruch verfolgt sie meine Laufbahn als Schreiberling.

Tosender Beifall und stehende Ovationen gebühren Ferdinand, meinem kongenialen Illustrator. Ihm ist es nicht allein gelungen meine verstiegensten Ideen in eine einfache, klare Bildersprache umzusetzen, er hat mich darüber hinaus mit seinen Zeichnungen immer wieder aufs Neue inspiriert und begeistert. Ich hoffe sehr, dass wir noch häufiger zusammen arbeiten werden.

Ein dickes Dankeschön geht auch an Birgit, die auch dieses Buch wieder lektoriert hat. Sollten trotzdem noch Fehler enthalten sein, gehen die ganz auf meine Kappe.

Der größte Batzen an Dankbarkeit sei aber dir geschuldet, liebe Leserin, lieber Leser. Indem du alle meine Bücher konsumierst und wegliest, ermutigst du mich, immer wieder neue zu schreiben. Zum Dank bekommst du wieder etwas ganz Tolles: meine Bücher. Sie sind eine Zierde im Regal und beweisen als Geschenk deinen Geschmack und deinen feinen Humor. Und davon kann man schließlich nie genug haben, oder? Deshalb solltest du lieber gleich ein paar Bücher kaufen. Je mehr Bücher du kaufst, desto größer ist meine Dankbarkeit. Außerdem fällt das eine Buch nicht so leicht um, wenn du rechts und links welche daneben legst.